AF562826

L27
n
20635

# PANÉGYRIQUE

# DE SAINT VINCENT DE PAUL

**Par M. l'abbé TH. MITRAUD**

*Directeur du collége de Billom.*

PÉRIGUEUX
CHEZ CH. LENTEIGNE, LIBRAIRE,
RUE TAILLEFER.

1852.

Un panégyrique a ses exigences précises, qui lui permettent d'effleurer à peine les faits. Nous conseillons à ceux qui éprouveraient le désir de connaître dans ses admirables développements la vie de notre saint de lire l'histoire attachante qu'en a écrite, en un petit volume in-18 (1), un des membres de la société de St-Vincent-de-Paul ; ils y trouveront résumées avec talent les laborieuses recherches d'Abelly et de Collet.

(1) Paris, au secrétariat de la société, rue Garancière, 6. — Prix de l'exemplaire cartonné, 60 centimes.

Périgueux. Imprimerie A. Boucharie, rue de la Miséricorde, 6.

# PANÉGYRIQUE DE SAINT VINCENT DE PAUL.

Exultavit ut gigas ad currendam viam ; à summo cœlo egressio ejus : et occursus ejus usque ad summum ejus ; nec est qui se abs condat à calore ejus.

Il part avec ardeur pour courir comme un géant dans sa carrière ; il part de l'extrémité du ciel, et il va jusqu'à l'autre extrémité ; et il n'y a personne qui se dérobe à sa chaleur.

Ps. XVIII, ỳỳ. 6 ET 7.

Prononcer dans une assemblée chrétienne le nom de saint Vincent de Paul, c'est rappeler par un seul mot les plus vifs sentiments d'amour que le cœur de l'homme puisse contenir pour l'homme ; c'est ranimer la reconnaissance de tous ceux qui souffrent, réveiller l'espoir dans les âmes abattues, faire luire aux yeux de ceux qui pleurent l'aurore d'un jour meilleur ; c'est montrer à l'humanité entière son protecteur, son apôtre : *nec est qui se abscondat à calore ejus.*

La divinité se complaît à réfléchir sa céleste image dans la vie des saints, ou plutôt la sainteté n'est que cette réflexion divine apparaissant dans les créatures libres et raisonnables : et ce n'est, en quelque sorte, qu'en s'imageant en eux que Dieu se montre si admirable dans ses saints : *mirabilis Deus in sanctis suis*. Mais, chrétiens, si la vie de l'homme doit être ici-bas comme la continuation, la vive et sensible expression de l'existence divine, qui fut jamais plus digne de la représenter que le saint dont j'ai à vous faire le panégyrique; — je me trompe, — dont j'ai à vous raconter l'histoire; car quel éloge peut être égal au récit simple et naturel d'une vie si touchante et si bien remplie!

Depuis la chute de notre premier père et la malédiction qui la suivit, une secrète et universelle impression de frayeur s'était répandue sur toute l'humanité. Les hommes ne voyaient de Dieu que sa majesté; incapables d'en soutenir l'éclat, ils étaient contraints de se retirer en tremblant loin de sa présence (1). Le pacte entre le ciel et la terre semblait rompu; Dieu ne se manifestait à ses créatures qu'au milieu des foudres et des éclairs, et les créatures consternées ne craignaient rien tant que de rencontrer la face de la Divinité! — « Nous mourrons, « disaient les parents de Samson, car nous avons vu le « Seigneur. » — « Cachez-vous, disait le prophète Isaïe, « devant la face terrible de Dieu, et devant la gloire de « sa majesté. » — « Malheur à moi, disait encore le « prophète, car j'ai vu le Seigneur! » Moïse descend du mont Sinaï la tête environnée de lumière, parce qu'il a parlé à son Dieu. Le peuple hébreu n'osait approcher du buisson ardent où se montrait le Seigneur. Jacob lui-

(1) *Timui et abscondi me.* (GEN. III.)

même s'écriait : « Que ce lieu est terrible ! C'est vraiment « ici la demeure du Seigneur. » Nous voyons partout des traces de cette mystérieuse terreur qui saisissait les hommes à la simple pensée de la Divinité.

O Dieu des miséricordes ! que les impressions sont différentes sous la loi nouvelle ! La grâce et la bénignité de notre Sauveur nous est apparue, *apparuit gratia et benignitas Salvatoris nostri*. Votre fils s'est étroitement uni à notre nature, et notre nature, réintégrée dans ses droits primitifs, n'est plus tremblante aujourd'hui ! Ce n'est plus un juge irrité qu'elle redoute, c'est un père tendre qu'elle reconnaît en vous. En se faisant homme, Jésus-Christ, non-seulement nous a rendu notre père céleste, il a encore resserré les liens de l'universelle fraternité, et imposé à chaque homme l'obligation d'aimer tout homme comme un frère : *Mandavit unicuique de proximo suo*.

Mais qui, dans les siècles passés et dans les temps modernes, comprit mieux cette mission de sacrifice, de mansuétude et d'amour que le saint dont nous célébrons en ce jour la solennité ? En qui Dieu s'est-il jamais mieux réfléchi par les œuvres de miséricorde qu'en saint Vincent de Paul ! Mais le bien, pour le disciple de Jésus-Christ, est un enfantement laborieux : il fallut que le fils de Dieu souffrît pour nous conquérir le droit d'être ses cohéritiers. Ce n'était qu'au prix de ses souffrances que Vincent pouvait devenir le sublime bienfaiteur de la terre. Comme le grain de froment qui meurt, dit l'Évangile, avant de produire son épi, il passa par les épreuves, par les combats, par le creuset des tribulations pour faire produire à sa charité les abondantes moissons qui ont étonné et consolé le monde.

Souffrances et abaissement de Vincent de Paul, c'est le sujet de la première partie; — services immenses que son abnégation et sa prévoyance ont rendus aux hommes, tel sera l'objet de la seconde.

J'ai prononcé le nom de l'apôtre de l'humanité; ô Dieu, illuminez mon discours d'un de ces rayons dont vous fîtes resplendir la mâle éloquence de Paul; faites que je ne néglige pas les divines instructions de la vie de Vincent pour les vaines recherches de l'éloquence. Le saint même me désavouerait, si je gâtais par des ornements mondains une vie qui fut si humble et si simple. Embrasez ma langue, seigneur; faites que mes paroles, ardentes comme la charité (1), fondent la glace des cœurs les plus froids; et puissent ces langues de feu, qui allumèrent autrefois les flammes de l'apostolat dans le cœur de vos disciples, pénétrer mon auditoire et le conduire à l'imitation de celui dont nous célébrons la mémoire. Demandons cette grâce par l'intercession de Marie. *Ave, Maria!*

## PREMIÈRE PARTIE.

Une province pauvre, ignorée (2), a été choisie de Dieu pour produire un de ces hommes dont on a dit que

(1) *Ignem veni mittere in terram, et quid volo nisi ut accendatur?* Luc. XII.

(2) Vincent de Paul naquit le 24 avril 1576, au hameau de Pouy, près de Dax, dans le département des Landes. Il fut le troisième de six enfants. Son père s'appelait Jean de Paul, et sa mère, Bertrande de Moras. Quand Vincent alla à Paris, il ne dit pas qu'il s'appelait *de Paul*, craignant que ce nom ne donnât sujet de penser qu'il fût de quelque famille considérable; mais il se fit seulement appeler *Vincent* de son nom de baptême. (ABELLY.)

la vie compose l'histoire, un de ces personnages destinés à étonner l'univers, et à faire à la fois la gloire et la consolation de l'humanité. La femme d'un modeste laboureur, déjà deux fois mère, donne le jour à un fils de plus. — Mais qu'importe au monde la naissance d'un homme obscur? — O mon Dieu! que prépare ici votre éternelle Providence? Me permettrez-vous, Seigneur, de sonder la profondeur de vos décrets et les trésors de vos miséricordes? Que votre sagesse est différente de la sagesse humaine (1)! Vous êtes esprit, puissance et bonté, et quand vous choisissez dans une humble condition un homme que vous voulez faire tourner à vos desseins (2), vous jetez sur son front une auréole de sainteté, vous allumez dans son cœur un foyer de tendresse, vous communiquez à sa volonté une énergie et une persévérance devant lesquelles s'abaissent les obstacles. Revêtu de votre force comme d'une armure (3), il étend son empire incontesté sur le présent et sur l'avenir; mais vous, pour manifester la dépendance où vous tenez ceux que vous avez choisis pour exécuter vos plans, vous leur faites accomplir les plus grandes choses par les plus faibles moyens. Ainsi Jacob, après avoir gardé les troupeaux de Laban, devint le père d'une génération innombrable. Ainsi la première occupation de Vincent sera de veiller à la garde des troupeaux de son père (4) : il fallait que, lui aussi, il commençât par arroser de ses sueurs

(1) *Non enim cogitationes meæ cogitationes vestræ; neque viæ meæ, viæ vestræ, dicit Dominus.* (ISAI. 55)

(2) *Numquid... Ego sum de minimâ tribu Israël, et cognatio mea novissima inter omnes familias...* (REG. IX.)

(3) *Induti loricam fidei et charitatis...* (AD THESS V.)

(4) *Tulit me de ovibus patris mei...* (REG.)

la terre qui devait produire le juste : *aperiatur terra et germinet salvatorem;* comme pour justifier la parole de saint Augustin : « Si tu veux être grand, sois très-petit « d'abord ; — *Magnus esse vis? à minimo incipe.* »

L'œil de Dieu perce les ténèbres des événements les plus enveloppés ; sous la protection de ses regards croissent et se multiplient les vertus et les qualités qui marquent la vocation des hommes destinés à de grandes entreprises. David, qui devait porter le sceptre si pesant de Jérusalem, délivrer Israël de ses ennemis et exterminer Goliath, avait fait d'abord l'essai de ses forces et de son courage contre les lions du désert. C'était pour les poursuivre et revenir chargé de leur dépouille qu'il abandonnait parfois son troupeau. Le héros chrétien de nos derniers temps révélait, dès sa plus tendre enfance, cette ardente charité qui, croissant avec les années, devait un jour embraser son cœur et répandre sur la terre entière la bienfaisante influence de sa chaleur, *nec est qui se abscondat à calore ejus.* Comme David, rempli de l'esprit qui le poussait vers sa haute destinée, il abandonnait quelquefois son troupeau : c'est que le jeune pâtre avait aperçu un pauvre ; c'est qu'il y avait dans son voisinage une misère à soulager, une douleur à adoucir. Ce n'était pas le rugissement du lion qui sollicitait son jeune courage, c'étaient les plaintes d'un malheureux qui l'attiraient ; la compassion était en lui une vertu naturelle : *Crevit mecum miseratio, et de utero egressa est mecum* (1).

(1) Job, 31.

Dans ces temps de crise, de luttes acharnées, préludes sanglants de la civilisation naissante, ce n'était pas d'un homme de guerre que le monde avait besoin; il n'y avait dans cette fin d'un siècle agité que trop de ces courages ardents et impétueux qui marquent leur passage sur la terre par des fleuves de sang! Il fallait un homme de miséricorde qui portât dans son cœur tous les trésors de la charité céleste, qui les déversât sur le monde pour cicatriser tant de plaies, tant de déchirements cruels que se faisaient les hommes en se ruant les uns contre les autres. Aux horreurs de la guerre civile, fomentée par l'esprit de parti, par l'hérésie, par le fanatisme, par les factions des grands, se joignaient les horreurs de la peste et de la famine. Comme le tigre s'irrite, dit-on, à la vue du sang, la fureur des hommes semblait encore exaspérée par l'aspect de tant de ruines : l'enfer était comme déchaîné sur la terre; le ciél, outragé par les crimes du monde, ouvrait les cataractes de sa colère ; la surface de la terre était devenue un lieu de désolation. Grand Dieu, si vous daignez vous laisser fléchir enfin par les prières des justes, qu'opposerez-vous à tant de maux, comment remédierez-vous à tant de douleurs ?

Voici un prodige que Dieu a mis presque sous nos yeux afin de ranimer notre foi, trop faible pour oser de grandes œuvres. Nous gémissons, chrétiens, sur les maux dont nous sommes témoins, et nous ne croyons avoir ni les moyens ni l'obligation d'en arrêter le cours. Nous ne comptons presque plus sur les promesses de Dieu; et pourtant il nous a dit que rien n'est impossible à celui qui croit, que nous pouvons tout quand il combat avec nous, *omnia possum in eo qui me confortat.* Vincent offre une preuve bien frappante de la vérité de cette parole. Comme une plante du désert, le jeune enfant croissait dans la solitude et se fortifiait à l'avance pour les orages de l'avenir. Ses premiers actes révélaient ses nobles inclinations : comme l'astre du jour annonce déjà par ses premiers feux l'éclat des rayons qu'il va répandre dans le monde, ainsi l'esprit de Vincent de Paul avait devancé son âge, et frappait d'admiration ceux qui observaient cet enfant extraordinaire. Mais, placé par sa naissance au dernier degré de l'échelle sociale, pourra-t-il suivre sa grande destinée? Dieu veut qu'on espère en lui; il nous en instruit par sa conduite à l'égard de ce jeune enfant, qui doit être un jour si utile à ses desseins (1). Il ne le laissera point languir comme un fruit détaché de sa branche ou désséché par un souffle brûlant : sa bonté viendra le chercher dans un hameau oublié du monde! Comme Samuel, ce précieux enfant va croître à l'ombre du tabernacle; comme lui, il deviendra l'espérance et la joie d'Israël; comme lui, il sera orné de tous les dons du ciel. Le Seigneur lui-même daignera l'instruire (2). Sainte Eglise, mère affligée, ne vous plaignez pas que le ciel vous ait abandonnée; si vous ne voyez plus, comme aux jours de vos épreuves, le sang des martyrs féconder votre sein glorieux, vous voyez du moins comme autrefois des apôtres, dignes héritiers de ceux dont vous êtes sortie, animés de leur esprit, vous environner d'un cortége d'en-

(1) *Utile Domino, ad omne opus bonum paratum.* (AD TIMOTH. II. 2.)

(2) Vincent de Paul commença ses études chez les R. P. Cordeliers, de Dax, moyennant 60 livres par an. Ce fut environ l'an 1588 qu'il commença ses études. (ABELLY, p. 10.) Il avait alors douze ans.

fants disposés à continuer les magnifiques triomphes de votre jeunesse ! *Ecce pro patribus tuis nati sunt tibi filii.* Ce fils, que Jésus-Christ lui-même vous conduit comme par la main, sait qu'il doit vous appartenir exclusivement : l'abnégation sera toute sa vie.

L'apôtre saint Paul travaillait de ses mains, pour n'être pas à charge à ses frères. Vincent, destiné à soulager un jour la grande famille humaine, ne veut pas être un fardeau pour la sienne (1); il multiplie ses travaux ; sa détresse même lui fournit l'occasion de faire le bien ; il se charge de l'éducation des enfants, et fait germer les plus nobles vertus dans leur cœur. Maître et disciple à la fois, il trouve dans les veilles, dans la frugalité, dans l'absence de tous les plaisirs, le moyen de remplir ses doubles devoirs. Accompagné d'une jeunesse nombreuse qui ne peut plus se séparer de lui, il parcourt les universités célèbres, recherche les professeurs les plus fameux par leur savoir et par leur piété. A Sarragosse, à Toulouse, partout, malgré le voile dont l'humilité enveloppe son génie, on entrevoit, on devine son étonnante capacité. Ainsi le soleil, lors même qu'un nuage épais intercepte un moment ses rayons, laisse échapper par intervalles des traits qui frappent et éblouissent les regards.

Suivons la conduite de l'esprit de Dieu. Avant de voir le prêtre à l'autel, il est juste de voir comment il se prépare à en approcher. Et pourquoi ne pas réchauffer la ferveur

(1) A seize ans, M. de Commet, avocat à Dax, le retira du couvent des Cordeliers et lui confia l'éducation de ses enfants. Il eut ainsi moyen de continuer ses études sans être davantage à charge à son père. (ADELLY.)

des jeunes ordinants qui m'écoutent par un des actes de la vie de Vincent? Nul ne doit rester étranger aux bienfaits de ses grands exemples : *Non est qui se abscondat à calore ejus.*

Il avait, pendant ses études théologiques, approfondi les devoirs et mesuré les engagements du sacerdoce. Ce fut par une longue habitude des vertus les plus héroïques, par un exercice continuel de la piété la plus fervente, par une charité prodigieuse, par une innocence angélique, par un zèle qui consumait son cœur, par une soumission à la volonté de Dieu égale à celle d'Abraham, qu'il se prépara à se consacrer au service du Seigneur. « Il était prêtre même avant que d'être prêtre », pour me servir de la belle expression de saint Grégoire de Nazianze. Son corps était une hostie pure qu'il n'avait cessé d'immoler à Dieu par un sacerdoce anticipé : il était donc bien digne de joindre au sacrifice de soi-même le sacrifice du corps adorable de Jésus-Christ; et cependant, en présence de l'imposition des mains du pontife vénérable qui doit l'initier au sacerdoce, Vincent tremble; il demande encore comme une faveur une année de recueillement et de prières; et souvent depuis on lui entendit dire ces paroles remarquables : « Si je n'eusse « été prêtre, je n'aurais jamais pu me résoudre à l'être, « m'en estimant très indigne (1). »

Enfoncez-vous dans la solitude, saint lévite! allez prendre de nouvelles forces; armez-vous d'une foi, d'un courage capables de rétablir la gloire de Sion. Les premiers

(1) Adelly, p. 11.

chrétiens allaient dans les catacombes, en présence de la cendre féconde des martyrs, se préparer à les imiter; allez dans la retraite acquérir une ardeur, une patience, une résignation proportionnée aux travaux et aux longues souffrances du martyre de toute votre vie.

A peine promu au sacerdoce (1), il fait éclater son désintéressement et sa générosité. Nommé par les administrateurs du diocèse de Dax à une cure voisine du lieu de sa naissance, il y renonce en faveur d'un autre prêtre qui la sollicitait avec ardeur.

Dieu avait sur lui d'autres desseins, et il disposait tout à l'avance pour en assurer l'accomplissement. Pour éprouver son élu, le faire servir de modèle à toutes les conditions, et donner à son âme si compatissante le dernier degré de la perfection, il le fait tomber entre les mains d'un pirate (2) : le bâtiment qui le portait opposa la plus vigoureuse résistance et ne céda qu'au nombre des assaillants. Blessé, dépouillé, maltraité, d'indignes chaînes chargent ses généreuses mains; mais la rage des barbares n'est pas assouvie; ils continuent huit jours encore leurs affreux brigandages sur les mers; quelles émotions agitaient cette âme si noble et si sensible ! Témoin forcé et impuissant de tant d'atrocités, il voyait à chaque

(1) Vincent de Paul fut promu dans les Ordres aux dates suivantes : tonsure et ordres mineurs le 19 septembre 1596 ; il avait 20 ans ; sous-diacre, le 27 février 1598; diacre, le 29 décembre de la même année; enfin, prêtre, le 23 septembre 1600. « De « sorte, ajoute son pieux biographe, qu'ayant puis après vêcu jusques au 27 septembre « 1660, il se trouve qu'il a été prêtre dans l'église de J.-C. l'espace de 60 ans. » (ABELLY, p. 10.) — C'est à Périgueux, par les mains de Mgr François de Bourdeilles, que Vincent de Paul fut ordonné prêtre. (*Biographie* MICHAUD.)

(2) Juillet 1605. Une lettre précieuse de Vincent de Paul contient des détails intéressants sur sa captivité. (V. ABELLY, p. 14-17.)

instant de nouvelles victimes immolées devant ses yeux, à chaque instant il attendait le même sort !

Et pourtant son visage est calme, son maintien ferme ! mais que cette fermeté est modeste, et que cette modestie est magnanime ! Il est heureux de souffrir pour Jésus-Christ ; il se rappelle que son divin maître lui-même a été vendu ; comment aurait-il honte de se voir adjugé à son tour comme un esclave pour un vil prix ? D'ailleurs, le souvenir d'un grand saint, du roi le plus extraordinaire, dit Hume, qui se soit jamais assis sur un trône, remplissait son âme d'une noble émulation : il se rappelait que les chaînes glorieuses de saint Louis avaient déjà sanctifié cette terre barbare. Il changea trois fois de maître pour tomber enfin entre les mains d'un renégat italien. Puisque Vincent devait avoir tant de traits de ressemblance avec notre divin maître, il fallait bien aussi qu'il rencontrât un Judas parmi les hommes qui servaient d'instrument à ses souffrances. Dans ce dur esclavage, il ne fait entendre ni plaintes ni murmures. Comme les Israëlites sur les rivages du fleuve de Babylone (1), c'était en chantant les louanges du Seigneur qu'il charmait l'amertume de son exil ; les regards fixés vers sa patrie céleste, il supportait avec moins de douleur l'éloignement de la terre natale. Tant de résignation, tant de patience n'était pas contemplée du ciel seule-

(1) « Une des trois femmes de mon maître, curieuse qu'elle était de savoir notre « façon de vivre, me venait voir tous les jours aux champs où je fossoyais ; et un jour « elle me commanda de chanter les louanges de mon Dieu : le ressouvenir du *Quomodò cantabimus in terrâ alienâ* des enfants d'Israël captifs à Babylone, me fit « commencer, la larme à l'œil, le psaume *Super flumina Babylonis.* » (Lettre de Vincent de Paul, 24 juillet 1607.)

ment: les barbares eux-mêmes en étaient étonnés. Le chant des cantiques avait quelque chose de si divin dans la bouche de Vincent, que les cœurs les plus endurcis en étaient touchés. Avant de les conquérir par ses œuvres de miséricorde, il les pénétra par l'onction de la grâce. Le renégat lui-même devint sa conquête; bientôt ramené dans le sein de Dieu par son esclave, le maître reconnaissant ramène son captif en France (1). O gloire de notre esclave, qui, tout chargé de chaînes, soumet ses maîtres à ses lois! *Non est qui se abscondat à calore ejus.* Tel on avait vu saint Paul, au premier siècle de l'Église, baptiser Silas.

Ces chaînes de l'esclavage, il les avait portées pour Jésus-Christ; qu'elles lui étaient chères, et qu'il les eût quittées avec peine, s'il eût pu soulager ses frères pendant qu'il en était chargé! Il les quitte, mais c'est pour les reprendre bientôt. Essayons de révéler les œuvres de sa charité, malgré le soin qu'il a pris de les cacher; et, parmi tant de traits héroïques dont sa vie est semée, choisissons ceux qui, en jetant un plus vif éclat sur sa mémoire, rehaussent en même temps la religion qui les inspira.

A peine rentré en France (2), Vincent éprouve une de ces tribulations capables de lui faire regretter les fers de Tunis. Des soupçons odieux planent sur lui; son honneur est indignement attaqué. On accuse le saint d'avoir abusé de la confiance d'un ami pour satisfaire sa cupidité. Le

(1) « Nous nous sauvâmes avec un petit esquif, et nous rendîmes à Aigues-Mortes. » (Lettre citée.)

(2) 1609.

silence qu'il s'impose dans cette rencontre, la gravité d son accusateur, semblent le condamner. Le bruit de so crime supposé se répand dans la capitale; le caractère d l'accusé lui donne plus d'éclat; il est porté jusqu'au oreilles de l'illustre Bérulle, à la dignité duquel, selon l'expression de Bossuet, la pourpre romaine n'ajouta rien (1). Dieu de Daniel, vous qui veillâtes autrefois sur l'innocence de Suzanne, ne susciterez-vous pas un nouveau prophète pour confondre la calomnie et pour protéger la réputation de votre serviteur ? Bientôt un événement heureux s'accomplit par l'ordre de la Providence. L'auteur du larcin, pressé par la violence du remords, déclare lui-même son crime, et l'innocence de Vincent est proclamée. — Quelle leçon, mes frères, nous donne ici le saint que nous célébrons ! Quand nous sommes en butte aux traits de la calomnie, nous poussons des cris d'indignation, nous chargeons d'imprécations le calomniateur. Ah ! imitons plutôt la douceur et la modération de Vincent. Plaignons en silence nos détracteurs; et, loin de venger nous-mêmes notre réputation déchirée, attendons avec résignation que le ciel prenne soin de la réhabiliter aux yeux du monde; disons comme Vincent : « Dieu sait « la vérité. »

Vincent s'était proposé Jésus-Christ pour modèle ; voyons comment il l'imite. Le Sauveur du monde priait son père céleste de détourner sa colère de dessus les hommes et de l'appesantir sur lui seul. Comme son divin maître, Vincent voudrait prendre pour lui toutes les douleurs

(1) Vincent répondit doucement au monitoire de M. de Bérulle : « Dieu sait la « vérité. »

de l'humanité et les épargner à ses frères. Un jour, il est touché de compassion à la vue de l'affreux désespoir auquel était en proie un vrai disciple du Sauveur (1), étonné lui-même de ne trouver que des blasphèmes sur ses lèvres : ses efforts pour combattre une si terrible tentation avaient épuisé ses forces. Vincent craint qu'il ne succombe dans un si triste état ; ô sublime effort de la charité ! il se dévoue pour son frère (2). « C'est moi, moi, Seigneur, qui mérite vos coups ; frappez ! » Grand Dieu, que vos coups sont cruels ! comme votre fils, Vincent est frappé ; comme lui, il s'écrie : Mon Dieu, mon Dieu, pourquoi m'avez-vous abandonné? ***Deus meus, Deus meus, ut quid dereliquisti me?*** Mais il a sauvé son frère. Pendant quatre ans, assailli de tentations violentes, le salut de son frère le soutient, comme le salut du genre humain soutenait Jésus-Christ jusqu'au moment où il voulut déposer sa vie. Enfin il fait vœu d'imiter plus parfaitement encore son divin modèle, et il est délivré. Il paiera sa rançon en consacrant le reste de sa vie au service des pauvres ; c'est au sein des hôpitaux qu'il ira servir Jésus-Christ dans ses membres souffrants.

Oh ! qu'il savait bien la manière de s'insinuer dans le cœur du Maître ! « Tout ce que vous faites à un de ces petits, c'est à moi que vous le faites, » a dit Jésus-Christ. Entendez-vous ces divines paroles, vous surtout, mesdames, établies par la miséricorde divine comme des

(1) Un docteur théologal, qui avait long-temps défendu la foi catholique contre les hérétiques.

(2) A l'imitation du grand apôtre saint Paul, il a bien voulu en quelque sorte se rendre anathème pour ses frères. En voici un exemple très remarquable... *(Voir ce merveilleux récit dans* Abelly, *3e partie, p. 117.)*

anges protecteurs pour veiller sur ces jeunes orphelines que le monde a abandonnées? Voyez comme leurs regards attendris se portent sur vous, leur seule espérance, leur unique appui. Saintes filles, quels trésors vous amassez pour l'éternité, en échange des soins assidus que vous prodiguez à ces jeunes enfants, auxquels votre douce pitié peut seule faire oublier qu'ils sont déshérités à jamais de la tendresse maternelle !

Infatigablement appliqué aux œuvres de charité, Vincent se voit appelé par la volonté de ses supérieurs ecclésiastiques aux fonctions pastorales. Mais la Providence, dans ses vues impénétrables, ne tarda pas à ouvrir d'autres voies à son serviteur et une nouvelle carrière au désir immense qu'il avait de faire le bien. Bientôt arraché à la direction de son troupeau, Vincent entre dans une maison aussi distinguée par sa grande fortune que par sa haute position dans l'Etat (1).

Mais il porte au milieu du luxe et des mollesses du monde les mœurs de la Thébaïde, et dans les palais des grands la généreuse liberté de saint Jean-Baptiste. M. de Gondy, général des galères, illustre par la noblesse de ses ancêtres, plus illustre encore par son caractère personnel, soumet son administration à l'ascendant de la vertu de Vincent. La charité si éminente de Madame de Gondy reçoit de cette vertu une nouvelle activité. Les efforts de ces âmes presque divines se réunissent ; les pauvres obtiennent le double aliment de l'âme et du corps. Vincent n'a

(1) En 1613, sur les prières de M. de Bérulle, Vincent de Paul accepta la charge de précepteur des enfants de M Emm. de Gondy, comte de Joigny et général des galères de France Le fameux cardinal de Retz fut son élève.

plus un moment de repos, il est partout où il y a une douleur à soulager, une infortune à consoler, des pleurs à tarir. Accablé enfin par la continuité de ses travaux, il succombe à la tâche : il est atteint d'une maladie que les médecins déclarent mortelle. A cette fatale nouvelle, les malheureux croient avoir déjà perdu leur consolateur et leur père ; des gémissements, des cris de douleur s'élèvent de toutes parts, mêlés aux accents des plus ferventes prières.

Mais vous n'êtes jamais resté sourd, Seigneur, à la prière des cœurs affligés, du malheureux, du pauvre et de l'orphelin. Votre main puissante frappera-t-elle ce père adoré, dont mille voix vous demandent la conservation? Montrez à cette assemblée chrétienne, montrez surtout à ces pieux jeunes hommes réunis par la charité sous la bannière de Vincent pour continuer son œuvre, montrez à tous quelle puissance a dans le ciel l'intercession du pauvre! Vincent se relève de son lit de douleur plus fort et plus infatigable ; il se consacre de nouveau sans réserve au salut de tous les malheureux. Sa patience, son zèle, son courage, sa discrétion dans la conduite des âmes, triomphent de tous les obstacles. De pauvres habitants des campagnes lui ouvrent leur cœur; il y découvre d'effroyables plaies ; il les voit engagés dans les routes pernicieuses d'une fausse conscience. Une société de missionnaires, dont le premier devoir est de travailler exclusivement pour les pauvres, est organisée aussitôt par ses soins (1). Quelle

(1) 1617. « Cette mission de Folleville ayant été la première que M. Vincent a faite, « il l'a toujours considérée comme la semence des autres qu'il a faites depuis jusqu'à « sa mort. » (ADELLY.)

merveilleuse association que celle de ces saints prêtres, et aux yeux de qui ne serait-elle pas vénérable! Evangéliser les pauvres, c'est là le miracle du christianisme; c'est le miracle que Jésus-Christ donne aux disciples de saint Jean comme la preuve de sa divinité; c'est le miracle que Vincent a renouvelé dans nos temps, qu'il renouvelle encore chaque jour par les œuvres de charité organisées sous son invocation sur tous les points de notre belle France. *A cælo summo egressio ejus, et occursus ejus usque ad summum ejus.*

Au milieu des éclats d'un zèle si ardent, permettez-moi, chrétiens, de vous citer un de ces traits de tolérance qui caractérisent le véritable esprit du christianisme. Appelé à Châtillon pour y relever la piété anéantie (1), la maison d'un calviniste est la demeure qu'il choisit. Sa charité se répand comme une douce rosée sur les cœurs aigris et divisés; par son aménité, par sa candeur, par ses exemples, il les gagne tous à Jésus-Christ. Et lorsque l'apôtre quitte ces lieux pacifiés et régénérés par sa présence, vous auriez cru voir les habitants d'Ephèse recevant les adieux du grand apôtre, et l'arrosant de leurs larmes; *Et osculabantur collum ejus.*

Animé d'une charité tendre et active, il se portait toujours où il y avait le plus de maux à soulager. Il visitait les hôpitaux, les prisons : les criminels condamnés aux galères auraient-ils échappé à sa vive sollicitude? *Non est qui se abscondat à calore ejus.* Ils sont doublement malheureux : vivant sous le poids de leurs chaînes et sous le poids plus accablant encore de leurs remords, ils ont un double titre à la tendre compassion de Vincent.

(1) Au mois de juillet 1617.

Il demande à être introduit dans leurs sombres cachots.

Noires demeures de la douleur et du désespoir, ouvrez-vous ! Abîmes creusés par la justice humaine, ouvrez vos portes ! Voici la grâce et la bénignité du Sauveur qui vous apparaissent : Vincent va confondre ses larmes avec celles de tant d'infortunés. Portes des abîmes, ouvrez-vous ! Laissez arriver, comme un écho lointain, jusqu'à l'assemblée qui m'écoute les murmures confus, les plaintes étouffées, les gémissements de la misère, les tressaillements de la douleur, les hurlements du désespoir, les sanglots du repentir, les cris de malédiction ! Ouvrez-vous, et laissez-nous voir les spectres hideux que vous contenez ! ces figures terribles et menaçantes encore sous leurs chaînes, ces hommes furieux, objet d'horreur et d'effroi pour les autres hommes. Quel spectacle ! Mais un ange de consolation a pénétré dans ces demeures lamentables ; il les visite... Au nom du souverain Maître, qui choisit de mourir crucifié entre deux voleurs, il promet le pardon des fautes ; au nom de l'humanité, il promet un adoucissement à un sort si cruel. Et ces hommes, qui ne voient dans le passé que des crimes, dans le présent que des tortures, dans l'avenir que l'ignominie et le désespoir ; ces hommes, que la terre et le ciel semblent réprouver également, goûtent, pour la première fois peut-être, un sentiment de joie. *Non est qui se abscondat à calore ejus.*

Il semble, mes frères, que la charité ne puisse pas aller plus loin. Une abnégation sans réserve, une humilité sans mesure, un désir ardent du mépris, une patience à l'épreuve de tous les outrages, un amour passionné de l'humanité, tels sont ses moyens d'action sur les cœurs pour les ramener vers Dieu. Vincent a pénétré dans le séjour de ces hommes que la société a rejetés de son sein, il s'enferme avec eux; il identifie son sort avec le leur; ses délices les plus pures sont de passer sa vie parmi ces infortunés. Et tant de travaux resteraient stériles! tant de sueurs ne donneraient pas la fécondité aux champs qu'elles arrosent! une charité si ardente ne rendrait pas sensibles enfin ces âmes ulcérées! Quoi! des lions affamés s'inclinèrent devant le jeune Daniel, et les hommes dont vous baisez les chaînes, ô Vincent! ne s'inclineraient pas devant le Dieu qui vous inspire tant d'amour!...

L'imagination, comme attristée par tant de sacrifices, par le tableau de tant de répugnances surmontées, s'arrête ici, et la charité de Vincent marche encore; il avance alors même que l'on croit un nouveau progrès impossible. La réalité surpasse ce que l'on oserait espérer, ce que l'on aurait même de la peine à concevoir, si l'on ne savait pas que la générosité d'un parfait chrétien ne rencontre jamais de bornes, et que partie du ciel, elle ne s'arrête qu'au ciel : *A summo cœlo egressio ejus, et occursus ejus usque ad summum ejus.*

Les premiers siècles de l'Eglise avaient vu saint Paulin se vendre pour racheter le fils d'une veuve. Les générations idolâtres furent étonnées d'une action dont elles ne pouvaient pas comprendre le motif. Ne devrions-nous pas être plus étonnés, mes frères, de voir l'esclavage subsister encore, lorsque depuis quinze cents ans les maximes qui conduisirent un chrétien à une pareille action sont prêchées sur toute la face du globe? Et ne croirait-on pas que le sel de la terre s'est affadi; que les principes mêmes du christianisme ont subi la modification des temps, si, au milieu de la corruption générale, le ciel ne faisait briller par intervalles de vives lumières qui apparaissent sur la terre comme des astres lumineux dans le firmament pour fixer tous les regards; s'il n'envoyait de ces hommes qui résument dans leur vie toutes les perfections chrétiennes; qui, par l'héroïsme de leur conduite, renouent la chaîne des temps et perpétuent la tradition des vertus évangéliques?

L'esclavage n'entraîne après lui que l'ignominie de l'infortune. Mais quelle ignominie, mes frères, pèse sur les fers du galérien! O prodige d'une charité toute céleste! ni les souffrances, ni la honte, ni l'infamie, rien n'arrête l'amour de Vincent. Touché des larmes d'un forçat, persuadé que l'homme qui pleure dans ces demeures du crime où tant d'autres rugissent et blasphèment, est plus malheureux que pervers, il échange sa liberté pour ses chaînes!... Portes des abîmes creusés par la justice humaine, ouvrez-vous encore une fois, et laissez-nous voir un spectacle capable de ravir d'admiration et d'attendrissement le ciel et la terre!

Puisse, ô grand saint, le bruit de vos glorieuses chaînes retentir jusqu'aux oreilles du riche insensible, importuner son sommeil et déchirer son cœur égoïste! Puisse l'univers entier contempler à genoux les nobles cicatrices de vos généreuses mains! Fut-il jamais un plus digne monument de la charité chrétienne?

Vincent courait au-devant des souffrances, *exultavit ut gigas ad currendam viam*; une douleur remplaçait immédiatement une autre douleur. Sa patience, son angélique douceur attendaient encore de nouvelles épreuves. Dieu avait appesanti sa main sur Job, sur ce juste de la terre de Hus, dont le nom est devenu synonime de la douleur et de la résignation. Vous ne cessez point, Seigneur, de suivre la même voie pour éprouver les âmes fidèles, et cette pensée soutiendra toujours le chrétien au milieu de ses maux, en lui montrant au ciel même la source de ses souffrances. Les douleurs et la résignation de Vincent de Paul furent égales à celles de Job. Une longue captivité sur la plage brûlante d'Afrique, des fers ignominieux, des veilles prolongées, des travaux immenses, une mortification dont le tableau révolterait notre nature dégénérée, des infirmités qui en furent la suite, ce long martyre ne suffit pas à l'ambition de cette âme héroïque. La calomnie, qui, au jugement de l'Esprit-Saint, *trouble le cœur de l'homme sage et brise sa force*, la calomnie ne fait qu'accroître son courage. C'est en vain qu'elle se couvrira du manteau sacré de la religion ; c'est en vain qu'elle cachera son motif en se parant d'un zèle menteur ; en vain multipliera-t-elle ses attaques, ajoutant aux passions qu'elle s'efforce hypocritement de voiler, son vice particulier et sa bassesse ; à toutes ses fureurs, Vincent n'oppose que le silence, ou il n'y répond que par un plus grand zèle, par un plus entier désintéressement, par un amour plus tendre pour les malheureux.

Le froment de Jésus-Christ n'est point encore assez mortifié. Pardonner une injure, c'est le triomphe de la raison, et tous les siècles ont admiré la magnanimité du grand Théodose, qui ne vengea point l'outrage qu'il avait reçu dans sa statue indignement mutilée par une multitude rebelle. Combien une foi vive élève l'homme au-dessus de la nature! C'est ici surtout qu'éclate le courage surnaturel de Vincent de Paul. Enfants de Dieu! pour comprendre ce nouveau trait d'héroïsme, portez vos regards vers l'image de votre Dieu mort sur la croix; c'est de lui qu'il a été écrit qu'il livrerait sa joue à celui qui l'aurait frappé : *Percutienti se dabit maxillam.* Notre saint reçoit un soufflet!!! Vincent de Paul! nom cher et sacré à toutes les âmes chrétiennes, vous, le plus tendre ami des hommes, vous qui leur avez fait répandre tant de larmes délicieuses d'attendrissement et de reconnaissance, comment s'est-il trouvé un homme, un chrétien assez barbare pour vous faire le plus sanglant des outrages! Mais votre charité triomphe de la barbarie; vous pardonnez à l'homme qui vous a outragé : « Mon frère, lui dites-vous avec un « accent d'ineffable bonté, je vous pardonne, et je vous « aime : *Ego sum Joseph, frater vester.* »

Laissons couler, chrétiens, les larmes que provoque cette angélique patience. Nous venons de voir les souffrances et les abaissements de Paul; ce sont les semences précieuses qui, dans les desseins de Dieu, vont produire les merveilles dont nous essaierons une faible esquisse dans la seconde partie..

## DEUXIÈME PARTIE.

La première condition que Dieu demande dans le ministre de l'Evangile, c'est qu'il soit mort au monde et à lui-même La raison, la voici : le caractère particulier de la Divinité, c'est de travailler sur le néant. Dieu, par la création, a donné au néant une fécondité infinie; et quand il a voulu vivifier de nouveau cette création épuisée par le péché, la réformer, la renouveler par le souffle de son esprit (1), il a fallu que son fils s'anéantît jusqu'à se faire homme. Les fondateurs eux-mêmes de notre sainte Eglise, placée dans le monde, aux yeux de la raison, comme un inexplicable phénomène de durée, d'universalité, de force et de magnificence ; les prédicateurs de cette morale qui atteint toujours la perfection sans la dépasser jamais, qui a pour fondement la maxime jusque-là la plus inconnue et la plus gênante, l'humilité et l'abnégation, qu'étaient-ils? Des hommes faibles, méprisables aux yeux du monde, sans crédit, sans appui, sans connaissance des lettres, pauvres, pusillanimes : *ea quæ non sunt elegit Deus, ut ea quæ sunt destrueret.* Il fallait, en un mot, que la base du christianisme fût aussi un néant, afin que son établissement, manifeste à tous les regards, attestât la puissance de l'opération divine. C'est donc dans les humiliations et dans les souffrances de Vincent de Paul que nous devons chercher les caractères de sa vocation sainte. En effet, n'était-il pas détaché de tout par le renoncement le plus absolu à tous les biens, à tous les honneurs, à tous les plaisirs? N'était-il pas un homme crucifié et portant sur son corps toute la mortification du Dieu pauvre et souffrant dont il était le ministre? N'était-il pas un homme immolé comme une victime, et sacrifié au salut du prochain? Pour mieux ressembler au Maître divin que nous adorons tous, ne s'était-il pas livré pour

(1) *Emittes spiritum tuum et creabuntur, et renovabis faciem terræ.*

racheter son frère? ne s'était-il pas anéanti, enfin, autant qu'un homme peut s'anéantir? Et si Dieu se plaît à travailler sur le néant, quelles merveilles ne fera-t-il pas sortir du néant volontaire que lui prépare cette âme embrasée de l'amour du ciel, embrasée de l'amour du prochain qu'elle voulait entraîner avec elle dans le sein de Dieu? Joseph, destiné par la Providence à nourrir ses frères, avait été vendu; il avait subi aussi son genre de néant; il sortit des prisons de l'Egypte pour s'asseoir sur les premiers degrés du trône et subvenir à tous les besoins de sept années de disette. Vincent, destiné à être l'intendant de la Providence contre la disette des siècles, avait traversé toutes les phases de l'adversité; la grandeur que l'on voyait en lui ne devait rien à la fortune; mais le doigt de Dieu ne s'y montrait pas moins manifestement. Nulle misère n'échappait à son attention, et chacun de ses actes portait un caractère si providentiel, que sa pensée même, en ne s'occupant que d'un malheur isolé, semblait comprendre le monde entier. La sagacité qu'il apporte au soulagement de quelques pauvres d'un simple village (1) donne naissance à ces pieuses associations de dames de charité qui se répandent bientôt dans tout le royaume, dans les nations étrangères; qui se

(1) « Pendant le séjour que M. Vincent fit à Chatillon-les-Dombes, il arriva qu'un jour de fête, comme il montait en chaire, une dame l'arrêta pour le prier de recommander aux charités de la paroisse une famille qui avait grand besoin d'assistance; ce qui l'obligea de parler en son sermon de l'assistance et du secours qu'on doit donner aux pauvres et particulièrement à ceux qui étaient malades..... Il plut à Dieu de donner une telle efficace à ses paroles, qu'après la prédication un grand nombre de personnes sortit pour aller visiter ces pauvres malades, leur portant du pain, du vin, de la viande et plusieurs autres commodités semblables..... » (ABELLY, p. 45.)

multiplient autant que les villes et se perpétuent avec les siècles. Qui pourrait aujourd'hui compter les milliers de pauvres qui doivent à la charité surnaturelle et à l'étonnante prévision de Vincent les secours qu'ils reçoivent de la piété des fidèles? Dans cette seule cité, qui pourrait redire toutes les œuvres saintes que des besoins toujours renaissants renouvellent sans cesse! Entendez aujourd'hui ces jeunes orphelines qui vous crient encore : « Ayez pitié des pauvres ; ayez pitié de notre malheur, « de notre jeunesse, de notre inexpérience ; une perspec- « tive plus triste que celle de la misère nous attend si vous « nous délaissez. » Cette œuvre de miséricorde appellera à jamais les bénédictions sur la mémoire de ceux qui l'ont fondée, et de ceux qui la soutiennent par l'activité de leur zèle.

Nommé aumônier général des galères (1), la capitale et les provinces admirent bientôt le bel ordre qu'un seul homme parvient à établir parmi tant de malheureux, qui n'en avaient jamais connu aucun, et qui toujours avaient paru indomptables ; il les soumet autant par la force de la résignation chrétienne que par les adoucissements qu'il apporte à leur sort. Il jette les premiers germes d'un changement dans l'application des châtiments que réclame la sécurité sociale. Il montre qu'une société, chrétiennement organisée, frapperait le crime, non pour perdre l'homme, mais pour le ramener à la vertu. Il trouve le secret de concilier les droits de la société offensée qui demande une garantie contre le désordre, et les droits de l'humanité souffrante qui demande miséricorde. Une

(1) 1622.

pensée profonde n'est jamais jetée dans le monde en vain : le monde a senti ce qu'il y avait de défectueux dans les systèmes de pénalité ; il ne cesse d'élaborer sa pensée, et il s'étonne, au milieu de toutes ses fluctuations et de ses perpétuelles oscillations, de ne pouvoir jamais trouver le point où il pourra s'arrêter. Les peuples sentent qu'en se remuant, ils s'exposent à ne placer le pied que sur des abîmes. Qu'ils reviennent donc largement à la pensée chrétienne ; seule elle peut les conduire à un progrès sage et mesuré, à un progrès qui du moins n'a pas besoin de faire des ruines pour s'étendre. Vincent a fait planer cette pensée sur des maisons où le blasphème était d'autant plus libre que le désespoir y était plus profond, et le fruit qu'il en a retiré devrait nous indiquer, à nous, la route que nous avons à suivre : *A summo cælo egressio ejus.*

Il ne fait que se montrer à Mâcon. Les mendiants y étaient un objet d'effroi par leur nombre et leur audace, de dégoût et d'horreur par leur profonde corruption, de pitié par leur affreux dénûment. Vincent s'établit leur protecteur et leur père. Il inspire le goût du travail aux uns, à tous la résignation, l'amour de la vertu et de l'ordre, qu'il y maintient par un réglement, modèle si accompli de prudence et de prévoyance, que l'assemblée du clergé de France pressa vivement tous les évêques de l'introduire dans leurs diocèses (1). Ce génie créateur imprimait à tous ses actes le caractère de l'universalité et de la perpétuité : *A summo cælo egressio ejus.* C'était en exerçant la charité qu'il la faisait naître dans les cœurs. C'était dans son

(1) Voy. Adelly, p. 61.

germe qu'il attaquait le vice, seul moyen efficace d'amener une réforme que l'on tenterait en vain par toute autre voie.

Qu'il est beau de voir les premiers commencements de cette institution des missions, si fameuse depuis par les services qu'elle a rendus à l'Eglise et à l'humanité! O Providence de mon Dieu, que vous êtes admirable, lorsque vous employez la faiblesse même pour produire de si grandes choses! Seul d'abord, il s'adjoint un second, puis un troisième prêtre. Il catéchise, il parcourt les villages, il gagne tous les cœurs; la moisson devient abondante. Le succès rappelle la pêche miraculeuse de Pierre; *Et venerunt, et impleverunt ambas naviculas, ità ut penè mergerentur*. Les ouvriers se multiplient avec les travaux; remplis de l'esprit de Vincent, ils rétablissent la piété parmi les peuples et raniment la lumière presqu'éteinte de l'Évangile dans un temps où, selon l'énergique expression du premier historien de notre saint, « c'était une espèce de contumélie et d'injure que de dire « à un ecclésiastique qu'il était un *prêtre.* » A la cour, ils enseignent la morale dans toute son intégrité; ils invoquent avec d'autant plus d'énergie l'austérité de la vertu que la richesse, le pouvoir et le rang ont plus de penchant à s'en éloigner. L'onction de la grâce donne aux paroles de ces hommes apostoliques un attrait dont les âmes les plus fières et les plus indociles se sentent touchées. L'ordre de Malte tout entier reçoit les bienfaits de leurs enseignements; dans les camps même la piété succède à la licence; le soldat, devenu chrétien fervent, ne craint plus ni la mort ni ses suites; Corbie, prise et vaillamment défendue par les Espagnols, ne résiste plus aux efforts de nos soldats régénérés par la foi. C'est ainsi que l'on voit une nouvelle légion thébaïne préluder à tant d'actions éclatantes, qui allaient à jamais couvrir de gloire le nom des armées et de la nation française. *Parvus fons qui crevit in fluvium magnum et in plurimas aquas redundavit.*

En même temps que les remparts des villes tombent devant la valeur de nos soldats, les remparts du péché tombent partout, en France et en Europe, devant la piété, les exemples et la douce éloquence des enfants de Vincent de Paul. Ils pénètrent dans les lieux désolés par l'hérésie; ils y marchent comme des géants, *exultavit ut gigas;* autant de pas, autant de conquêtes. Partout on arbore l'étendard de la vraie religion, chaque jour amène de nouveaux sujets à Jésus-Christ. La France ne suffit pas au zèle de Vincent; l'Italie, la Corse, le Piémont, l'Irlande, la Pologne, Madagascar, sont sanctifiés, sont consolés par ses soins. Tunis échappera-t-il à sa tendre sollicitude? Cette terre, où il a vu couler tant de larmes, où il a entendu tant de gémissements, où il a été témoin de tant d'apostasies, cette terre, enfin, qu'il a arrosée de ses sueurs, doit aussi lui offrir des moissons abondantes de grâces et de miséricordes. L'histoire nous apprend les travaux et les succès des saints prêtres qu'il y envoie. Plus tard, elle nous apprendra aussi les nobles efforts des enfants de Paul sur ces terres barbares; les pacifiques conquêtes qu'ils se préparent à y faire; les services qu'ils y auront rendus à la civilisation. Rome elle-même, la capitale de la Foi, reçoit une de ces colonies apostoliques; et l'évangile est prêché avec des accents nouveaux en face de la croix arborée sur le capitole, à l'ombre de la chaire pontificale, plus solidement établie que ne le fut le trône des Césars dans la capitale du monde idolâtre : *à summo cœlo egressio ejus.*

Vincent de Paul évangélise, console et ramène les peuples; ses travaux et ses triomphes sous ce rapport suffiraient à la louange d'un grand homme, d'un grand saint; ils ne forment qu'une faible portion de sa vie. Il sait que tout s'enchaîne, que tout se lie ici-bas dans la création. Il a vu, comme Jacob dans sa mystérieuse vision, cette échelle dont une extrémité portait sur la terre, et dont l'autre touchait au ciel. Il a vu les légions d'anges monter et descendre; monter pour apporter au ciel les prières des fidèles; descendre pour rapporter sur la terre la rosée du ciel. Sublime et consolante vision, qui montrait d'avance au saint patriarche toute l'économie de la religion, et qui apprend aux prêtres, figurés par les anges, la hauteur de leur mission et la sainteté dont ils doivent être revêtus pour la remplir dignement! Plus heureux que Moïse, ils parlent tous les jours au Seigneur; ils ne portent pas, comme lui, l'empreinte terrible de sa majesté; ils sont les ministres de la paix et de la miséricorde; ils doivent se laisser approcher des petits pour conquérir leurs âmes et les élever vers le ciel.

Ce double caractère de mansuétude et de sainteté, c'est encore sous les auspices et par les soins de Vincent que les zélés missionnaires vont l'acquérir et le perfectionner. Sa pauvreté ne l'empêchera pas d'ouvrir des maisons où les lévites iront se préparer, loin des bruits du monde, à recevoir les ordres augustes du sacerdoce; par ses soins,

la lumière qui brille sur le boisseau devient plus éclatante; elle jette une clarté dont la capitale reçoit les premiers rayons, et qui de là se répand dans les provinces les plus reculées du royaume et dans les états voisins; la ferveur d'un prêtre réchauffe tout le monde catholique : *Nec est qui se abscondat à calore ejus.* La chaire de Pierre devient encore le centre de cette bienfaisante activité, et l'approbation du souverain pontife sanctionne et perpétue les travaux et les œuvres de Vincent : *à summo cœlo egressio ejus.*

Le feu sacré est partout ranimé; il faut l'entretenir sans cesse. Plus Dieu se réfléchira dans le prêtre, plus le prêtre, son ministre, le réfléchira à son tour dans le monde. Les œuvres de Vincent sont impérissables; ces *retraites spirituelles*, où tout ce qu'il y avait d'illustre dans le clergé venait offrir le concours de ses lumières et de ses exemples; où les Bossuet, les Fénelon, abaissant leur vaste génie devant la grande image de Vincent, faisaient entendre un langage tout à la fois si doux et si austère, si simple et si sublime, offrent encore aujourd'hui sur toute la face du globe, par leur retour régulier, des richesses inépuisables que l'église communique aux peuples. *Nec est qui se abscondat à calore ejus.*

Que ne puis-je dire un mot de ces célèbres *Conférences* qui prirent naissance dans la maison de Saint-Lazare, se propagèrent dans toute la chrétienté et réunirent autour de Vincent de Paul les Pavillon, les Perrochel, les Godeau, les Ollier! — Ollier et Vincent! Oh! que ces deux grands noms se trouvent naturellement placés l'un à côté de l'autre! noms chers à toute l'Église, noms à jamais immortels, quel prêtre ne vous doit un tribut de vénération et de reconnaissance? La tribu de Lévi se perpétue par vos soins, et vos disciples deviennent à leur tour les pères de ces prêtres innombrables qui font la gloire de l'Eglise, et qui se sont toujours tenus debout pour soutenir leur mère affligée, lorsque dans des temps de désastres elle faisait entendre des gémissements comme ceux de Rachel, qui pleurait ses enfants et ne voulait pas être consolée parce qu'ils n'étaient plus.

Mais ce sujet est trop vaste, chrétiens, pour que je puisse l'embrasser dans toute sa magnifique étendue. Comment pourrais-je renfermer dans un seul discours les effets merveilleux que produisirent dans toute l'Eglise la direction savante, le zèle infatigable de Vincent de Paul? Comment dirais-je les services qu'il rendit à l'épiscopat, au clergé séculier et au clergé régulier, aux ordres de Malte, de Sainte-Geneviève, de Prémontré, de Grammont, de Saint-Antoine, de Saint-Bernard, de Saint-Benoist, de Saint-Maur; aux filles de la Providence, aux filles du Bon Pasteur, aux filles de la Croix, à celles de la Visitation, de Sainte-Marie, aux Ursulines, aux filles Orphelines? Je m'arrête; je sens que la simple énumération de tant de bienfaits pourrait lasser votre patience, lorsque leur laborieux accomplissement ne lassa jamais la charité de Vincent. O Dieu! quel concert de voix reconnaissantes doit s'élever aujourd'hui pour bénir le dispensateur de vos miséricordes!

L'organisation admirable, les créations merveilleuses qui naissent pour ainsi dire sous les pas de Vincent, au milieu des calamités publiques, avaient révélé les immenses ressources de ce génie inspiré. Les destinées de la

France chancelaient, les provinces étaient horriblement ravagées. Tous les fléaux, tous les genres de douleurs se promenaient tour à tour ou tous ensemble sur le royaume. La guerre civile, la fronde, la ligue, l'hérésie, la peste, la famine, le régicide, l'interrègne, une minorité orageuse; tant de maux, tant de douleurs, semblaient être l'élément de notre saint: on ne pouvait tarder d'implorer ses lumières et sa tendresse. Appelé dans le conseil de Régence, il en devient l'âme. Par sa modestie, sa noble indépendance, ses vues neuves et sublimes, la profonde maturité de ses idées, sa sage circonspection, l'étendue de sa prévoyance, sa fermeté, il justifie ce singulier éloge que faisait de lui l'illustre Bossuet en lui appliquant les paroles de l'apôtre : « Quand il parle, on voit bien « que Dieu parle par sa bouche : *Si quis loquitur, tan-* « *quam sermones Dei; si quis ministrat, tanquàm ex virtute* « *quam administrat Deus.* (1) »

Les malheurs du monde étaient immenses; on eut dit que la chrétienté ne pouvait plus relever sa tête du fond de cet abîme sanglant. La charité de Vincent s'accroît et grandit en proportion des malheurs qu'il a à réparer. La Lorraine, au rapport des historiens du temps, offre un spectacle plus horrible que celui du siége de Jérusalem. On y voit, dans des circonstances plus affreuses encore, se renouveler ces révoltants sacrifices de la nature à la faim.

« La plupart des villes, des bourgs et des villages étaient déserts; les autres étaient réduits en cendres. Ceux dont le soldat ne s'était point encore emparé souffraient tout

(1) Lettre de Bossuet au pape Clément XI, 2 août 1702.

ce que la peste et la faim ont de plus horrible. Leurs habitants, livides, hâves, défigurés, se trouvaient heureux quand ils pouvaient manger en paix l'herbe et les racines des champs. Le gland et les fruits sauvages se vendaient au marché pour la nourriture de l'homme. Les animaux morts d'eux-mêmes étaient recherchés avec une avidité qui tenait de la rage. Une mère s'en associait une autre pour manger avec elle son propre enfant, avec promesse de lui rendre la pareille. On pendit à la porte de Nancy un homme convaincu d'avoir tué sa sœur pour un pain de munition. Tout ce que les famines de Samarie et de Jérusalem ont de plus terrible l'était encore moins que ce qu'on vit alors. Nous ne savons pas que, pendant le siége de la ville sainte, les enfants aient dévoré ceux dont ils avaient reçu la vie : ces horreurs étaient réservées à la Lorraine, et je n'ose les rapporter que parce que j'ai devant les yeux des auteurs contemporains qui nous en ont transmis la funeste mémoire. (1) »

Les ressources de l'état et des particuliers sont épuisées; les liens de la justice et de l'autorité sont sans force : en peut-il être autrement quand ceux de la nature même sont brisés ! L'amour de Vincent pour l'humanité sera donc plus fort que la nature : son génie s'élèvera par le dévouement chrétien au-dessus même d'un malheur qu'on estimait sans limite et sans remède ! Voici, en effet, l'ange de la pitié ! voici la Providence visible ! voici Vincent ! L'étendard de la charité à la main, il fait des prodiges dont le récit étonne l'imagination et nous laisse partagés entre le doute et l'admiration. Il sauve la vie aux

(1) Collet, p. 136.

habitants de plus de vingt-cinq villes. Les communautés religieuses, les pauvres, les laboureurs, les nobles, les victimes innombrables de ces effroyables guerres recourent à lui comme au père commun des malheureux; et tous, comme les cinq mille âmes que Jésus-Christ nourrissait sur la montagne, ils voient les pains, les vêtements se multiplier et se proportionner à leurs besoins : *nec est qui se abscondat à calore ejus.*

La Picardie, la Champagne, éprouvent les mêmes horreurs; ces provinces tombent, comme la Lorraine, dans une affreuse désolation; de nouveaux prodiges de la charité de Vincent leur offrent les mêmes secours. Et ces bienfaits immenses, loin d'épuiser la charité de Vincent, lui donnent une nouvelle fécondité, et, par des miracles plus étonnants encore de son zèle, ces provinces reçoivent des consolations égales à leur infortune.

Son établissement de Saint-Lazare est pillé par les frondeurs; sa communauté sans abri est dans la dernière détresse; mais pour lui la détresse est une nouvelle puissance qui lui crée de nouvelles ressources : il remédie aux maux de la capitale comme aux douleurs des provinces : *nec est qui se abscondat à calore ejus.*

N'y a-t-il plus de misères à soulager, Seigneur? et cet apôtre de l'humanité aura-t-il enfin le loisir de goûter quelque repos? — O grand saint! portez vos regards sur des régions plus éloignées. Malgré la distance des lieux, malgré l'intervalle des mers, les cris des malheureux viendront encore émouvoir vos entrailles. La Pologne est déchirée par la guerre, Varsovie est en proie à un effroyable fléau; la providence de Paul s'étend sur la Pologne; elle est là près des pestiférés, elle les console, elle les sauve. L'Angleterre subit le joug du protecteur ; la généreuse Irlande est persécutée par Cromwell : la bienfaisance de Vincent de Paul s'y présente encore ; elle triomphe du formidable génie de Cromwell. *Exultavit ut gigas ad currendam viam... Nec est qui se abscondat à calore ejus.*

O mort, où est ta victoire? disait le prophète ; ô infortune, où sont tes victimes, de quel côté portes-tu tes coups, qu'ils ne soient parés par cet athlète infatigable? O adversité, où est ton aiguillon? *Ubi stimulus?* Tu es devenue presque impuissante devant l'impénétrable bouclier que la charité de Vincent étend sur les malheureux. La Charité, organisée, animée par lui, répare autant de maux que ton génie malfaisant peut en imaginer ; avant même que tu aies entrevu ta proie, sa prévoyance songeait à te l'arracher. Et pour m'arrêter à la seule infortune en faveur de laquelle nous sommes ici réunis, combien de jeunes filles ne sont pas encore orphelines, qui ont déjà, par les tendres prévisions de la charité, un asile assuré contre le malheur et la honte! O Mesdames, que Vincent de Paul, dans le ciel d'où il vous contemple, doit se féliciter de vous avoir légué la mission si douce de continuer sa bienfaisance ; et quels fruits abondants ne va-t-elle pas porter entre vos mains, sous l'invocation et la protection toute puissante de son nom vénéré!

Lorsque Vincent parcourait les rues de la capitale, semblable à l'ange envoyé dans le désert pour sauver le jeune Ismaël, il entendait les gémissements d'une multitude de jeunes enfants, plus malheureux, hélas! que le fugitif de la maison d'Abraham. Lui du moins, il allait mourir près de sa mère pleurant à ses côtés. Plus à plaindre que le fils d'Agar, combien est-il de ces victimes innocentes de la débauche et de la misère qui meurent abandonnées de leur père et de leur mère! *Pater meus et mater mea dereliquerunt me.* Nés au sein du vice, flétris avant de naître, ils meurent condamnés pour des fautes dont ils ne sont pas coupables : sourds à leurs vagissements douloureux, les auteurs impitoyables du crime de leur naissance les ont abandonnés. Que vont-ils devenir? Attendez! le serviteur de Dieu les a recueillis : *Dominus autem assumpsit me.* Combien de générations, qui ne devaient leur naissance qu'au crime des hommes, ont été sauvées par la vertu d'un seul homme? Ce père nourricier de l'enfance et de l'orphelin étendait ses mains comme des rameaux bienfaisants sur toutes les régions et sur tous les siècles. *Caritas mater est, caritas nutrix est.*

Mais parmi tant de scènes d'attendrissement, quelles pénibles préoccupations viennent attrister nos cœurs! La société s'endurcit : un égoïste et glacial calcul vient remplacer le sentiment de la miséricorde. Les cœurs ne sont plus touchés : trop souvent, devant les impitoyables refus de la *prudence* sociale, les entrailles de la terre seules s'entr'ouvrent pour recevoir ces créatures humaines au sortir des entrailles de leurs mères dénaturées. Notre insensibilité cruelle ne laisse plus d'autre refuge que la mort à la misère et à la pudeur. Si quelques âmes, émues à la vue de tant et de si affreux malheurs, s'écrient : *Pitié! pitié!* leurs voix, perdues au milieu d'une société si nombreuse et si *civilisée*, restent stériles comme les échos du désert et de la forêt. Je ne sais quelle affreuse et désolante doctrine commence à frapper nos oreilles ; c'est comme le craquement souterrain d'une montagne qui se dissout et qui annonce l'éruption d'un volcan. On insinue que la mort n'est pas un grand malheur pour celui qui n'a pas encore senti la vie, ni un grand crime contre l'être imparfait qui ne peut la défendre ! Que deviendrons-nous, grand Dieu ! si de telles monstruosités, à peine avouées chez les sauvages, prévalent dans le *royaume très chrétien* ! si la faiblesse, loin d'être une égide, devient une cause nouvelle d'oppression ; si c'est, non plus une idée morale, mais un abominable calcul qui pèse la vie de l'homme ! Quoi ! l'homme que les philosophes se plaisent à appeler fastueusement le *roi de la création*, l'homme que Dieu a fait à son image, l'homme n'est plus qu'une ombre impondérable ! Cette âme presque divine que Jésus-Christ a estimée assez haut pour descendre du ciel sur la terre afin de la racheter, cette âme n'est plus qu'un rien que nous pouvons abandonner sans crime ! O religion sainte, combien tes maximes sont plus belles que les plus belles maximes de la philosophie ! O Charité, vertu divine, combien tu l'emportes sur les vues humaines de l'aride philanthropie ! O Vincent ! combien votre école apprend mieux que les écoles *économistes* à respecter la majesté de la vie humaine !

Mais ce n'est pas assez d'ouvrir à la créature naissante et délaissée les bras maternels de la charité ; sur le bord de sa tombe, l'homme a autant besoin de protection qu'à son entrée dans la vie. L'inépuisable amour de Vincent rayonne comme un soleil bienfaisant à tous les horizons de la vie humaine : *Nec est qui se abscondat à calore ejus.* Un hôpital, sous le nom de Jésus, offre un refuge aux vieillards contre les outrages du malheur et souvent de l'ingratitude. Lorsque Dieu forma le cœur de Vincent, il y mit la bonté comme la marque authentique de l'origine dont il sortait : *ego sum caritas et vita* ; lorsqu'il forma son esprit, il y mit l'observation pour qu'il pût connaître tous les besoins. En cherchant la cause première de tant d'infortunes, que de tristes et terribles secrets venaient se révéler à Vincent ! Il est encore d'autres êtres, d'autant plus dignes des soins de la charité, qu'ils sont exposés à de plus grands dangers. Vincent, pour qui le cœur de l'homme n'a plus de secrets, ouvre un asile à la vertu timide ou au repentir. Et pour caractériser d'un mot tous les avantages de ce nouvel établissement, il lui donne le nom si doux de *Providence.* Et au moment où je parle, il n'est pas une ville en France où cette Providence de saint Vincent ne distribue ses bienfaits.

Lorsqu'on voyage loin de sa patrie, on est exposé à bien des vicissitudes ! Désormais, chaque voyageur croit avoir retrouvé dans Vincent l'ange qui accompagnait autrefois le jeune Tobie. Il construit un hôpital qui chaque année donne la santé ou des secours à plus de trois cents malades, et l'hospitalité à plus de vingt mille personnes de tout âge, de tout sexe, de toute nation. Le grand apôtre faisait-il de plus grands prodiges, lorsque les idolâtres voulaient lui rendre les honneurs divins ?

Le peu de temps qui me reste, la crainte de lasser votre bienveillance, non par l'énumération de tant de merveilles, mais par la fastidieuse répétition des mêmes formules, me permettent à peine, chrétiens, de citer les noms de tant d'autres établissements dus à la charité créatrice, miséricordieuse, de Vincent ; ces maisons de refuge où tant d'âmes infidèles trouvent les consolations que l'enfant prodigue ne trouva que dans la maison de son père ; cet hôpital, sous le nom si caractéristique d'*hôpital de la Pitié ; Bicêtre, la Salpétrière, le Mont-de-Piété, l'Hôtel-Dieu, l'Hôpital-Général*, relevés, soutenus, dirigés ou fondés par saint Vincent de Paul. N'est-ce pas, mes frères, que vous ne me reprochez plus de l'avoir comparé à un géant ? N'est-ce pas que j'ai eu raison de dire au début de cet entretien : « Il part avec ardeur pour courir « comme un géant dans sa carrière ; il part de l'extrémité « du ciel, il va jusqu'à l'autre extrémité ; il n'y a per- « sonne qui se dérobe à sa chaleur ! » *Exultavit ut gigas ad currendam viam : à summo cœlo egressio ejus et occursus ejus usque ad summum ejus ?* Comme autrefois saint Paul ne pouvait redire les beautés qu'il avait vues dans le sein de Dieu, ainsi les paroles me manquent pour redire toutes les beautés de l'âme de Vincent de Paul. Mais les faits et les monuments parlent plus haut que la bouche la plus sonore.

Les cieux racontent la gloire de leur créateur ; pour célébrer les louanges de Vincent, qu'est-il besoin ici de paroles, lorsque l'humanité entière fait entendre son hymne d'admiration et de reconnaissance ?

A ces mots d'admiration et de reconnaissance, vous portez vos regards sur ces saintes filles qui font revivre l'esprit de Vincent de Paul au milieu du froid égoïsme de notre siècle ! Ces anges tutélaires du malheur, répandus dans le monde entier comme la charité de leur saint fondateur, continuent le règne de la bienfaisance sur la terre. Où ne les a-t-on pas vus? Où leur dévouement, aussi courageux que délicat, n'a-t-il pas guidé leurs pas? Quelle barrière fut jamais insurmontable à leur généreux héroïsme? Dans les temps de calamités publiques, qui console les infortunés lorsque la contagion dépeuple nos villes ou met en fuite les citoyens consternés? Qui affronte les dangers de la mort? C'est la fille de charité!... Dans les temps de troubles ou de guerres désastreuses, qui vient jusque sur le champ de bataille avec une intrépidité que rien n'étonne? c'est la fille de Vincent!... Lorsqu'on annonce qu'une terre lointaine offre d'immenses trésors, les enfants du siècle s'y précipitent; mais si l'on apprend que la peste ou un fléau dévastateur dévore les habitants abandonnés, c'est la fille de Vincent qui accourt. Elle y pénètre bravant la tempête et la fureur des flots; elle cherche l'infortuné, pour le secourir, au milieu des bois, dans le fond des déserts, parmi les tribus les plus sauvages. Comme il n'y a aucune terre qui ne soit arrosée de larmes, il n'y a aucune terre qui leur soit inconnue. Il n'est pas d'homme qui n'ait ses jours de repos; la fille de Vincent seule n'en connaît pas. C'est elle qui se glisse dans le réduit de l'indigent, et qui essuie les larmes dans ces établissements presque innombrables destinés au soulagement des pauvres. C'est encore la fille de saint Vincent que vous y voyez confondue pêle-mêle avec les malades, les mourants et les cadavres!... Chrétiens, si, témoins de ces grands exemples, de ces généreux sacrifices, nous négligeons le sort de quelques pauvres qui nous sont confiés ; si, vivant dans les délices et dans l'opulence, nous ne trouvons pas de ressources pour exercer la miséricorde, que deviendrons-nous un jour devant le tribunal de Dieu ? Soyons donc miséricordieux comme notre Père céleste est miséricordieux, comme son glorieux disciple Vincent a été miséricordieux. La miséricorde est le principe des joies les plus pures sur la terre, pour celui qui l'exerce plus encore peut-être que pour celui qui la reçoit. C'est elle qui, après nous avoir ouvert les cœurs ici-bas, nous ouvrira les cieux, où nous attend l'impérissable récompense. Ainsi soit-il. (1)

(1) Ce discours a été successivement prêché à Limoges et à Bordeaux pour l'*Œuvre des Orphelines*.

www.ingramcontent.com/pod-product-compliance
Lightning Source LLC
LaVergne TN
LVHW010106230826
846091LV00005B/2109

* 9 7 8 2 0 1 1 7 5 8 3 7 8 *